Mix Dich schlank

Low-Carb Rezepte mit Punkten für den Thermomix
TM5 + TM31

Diät Zuckerfrei Punktearm Fettarm Kalorienarm

Das Rezeptbuch für Frühstück Mittagessen Abendessen
Suppen Salat Desserts z.T. vegetarisch

Kochbuch zum Abnehmen

Julia Kaiser

Bibliografische Information der Deutschen Nationalbibliothek:

Die Deutsche Nationalbibliothek verzeichnet diese Publikation in der Deutschen Nationalbibliografie; detaillierte bibliografische Daten sind im Internet über http://dnb.dnb.de abrufbar.

1. Auflage 2019
Cover-Titelbild: ©[okkijan]/123rf.com
Copyright © 2019 Julia Kaiser
Alle Rechte vorbehalten

Herstellung und Verlag: BoD – Books on Demand, Norderstedt
ISBN 9783749456208

Inhaltsverzeichnis

VORWORT

Punktearme Gerichte mit wenig Kalorien und wenig Fett lassen die Pfunde auf sanfte Weise purzeln. Auch Low-Carb-Anhänger müssen sich mit diesem Kochbuch über das Abnehmen keine Sorgen mehr machen. Obendrein sind alle Gerichte frei von raffiniertem Zucker und OHNE Zuckerersatzstoffe.

Alle Rezepte enthalten detaillierte Nährwertangaben (P, Kalorien, Fett, Protein, Kohlenhydrate) und sind geeignet für den Thermomix TM31 und TM5* - *Bei der Bezeichnung „Thermomix" handelt es sich um eine geschützte Marke der Firma Vorwerk (CH). Der Verfasser des Buches steht in keiner geschäftlichen Beziehung zum Unternehmen.

Hinweis:
Jede Art von Diät sollte vorher mit einem Arzt besprochen werden.

Frühstücks-Rezepte:

Beeren-Nuss-Müsli

Pro Person: P: 7 / Kalorien: 315 / Fett: 19 /
Protein: 16,7 / Kohlenhydrate: 14,5

Zutaten für 4 Personen:
300 g gemischte Beeren
50 g Haselnusskerne
1 Apfel
100 g Avocado
120 g Sojaflocken
400 g Milch, entrahmt, 0,3 % Fett

Zubereitung:
Die Beeren verlesen, waschen und abtropfen
lassen.

Haselnusskerne im Mixtopf ca. 3 Sek. / Stufe 6
zerkleinern und umfüllen. (1 EL beiseitelegen).

Den Apfel waschen, schälen, vierteln, entkernen und mit dem Fruchtfleisch der Avocado im Mixtopf ca. 3 Sek. / Stufe 3 zerkleinern.

Die restlichen Zutaten dazugeben und ca. 10 Sek. / Linkslauf / Stufe 3 verrühren.

In Schälchen füllen, mit den restlichen Nüssen garnieren und servieren.

Knäckebrot mit Kräuter-Quarkaufstrich

Pro Person: P: 2,5 / Kalorien: 153 / Fett: 2,5 / Protein: 13,9 / Kohlenhydrate: 19

Zutaten für 4 Personen:
5 Cocktailtomaten
1/2 Salatgurke
1/2 Bund Dill
1/2 Bund Petersilie
1/2 Bund Schnittlauch
1 Schalotte
500 g Magerquark, 0,2 % Fett
10 g Schmand
Salz, Pfeffer
4 Scheiben Knäckebrot

Zubereitung:
Die Cocktailtomaten waschen, putzen und vierteln. Die Salatgurke waschen, schälen, entkernen und in grobe Stücke schneiden.

Dill, Petersilie und Schnittlauch waschen, trocken schleudern und die Blättchen der Petersilie abzupfen. (1 EL beiseitelegen).

Schalotte schälen, halbieren und mit den Kräutern und der Salatgurke im Mixtopf ca. 5 Sek. / Stufe 6 zerkleinern. Magerquark, Schmand, Tomaten, Salz und Pfeffer dazugeben und ca. 10 Sek. / Linkslauf / Stufe 3 verrühren.

Knäckebrot mit dem Kräuter-Quark bestreichen und mit den restlichen Kräutern darauf anrichten.

Grüne Smoothie Bowl

Pro Person: P: 3 / Kalorien: 200 / Fett: 11,2 /
Protein: 4 / Kohlenhydrate: 17

Zutaten für 4 Personen:

1 kleine Avocado
2 reife Bananen
4 Grünkohlblätter
2 Kiwis
10 g Limettensaft
240 g Wasser
240 g Sojamilch
12 g Kokosflocken
12 g Kakaonibs

Zubereitung:

Die Avocado halbieren, Kern entfernen und das
Fruchtfleisch aus der Schale lösen. Bananen
schälen und in Stücke schneiden. Den Grünkohl
waschen und die festen Stängel entfernen. Die
Kiwis waschen, schälen und halbieren. In den
Mixtopf füllen, Limettensaft dazugeben und ca. 1
Min. / Stufe 10 pürieren.

Wasser und Sojamilch zufügen und ca. 30 Sek. /
Stufe 10 verrühren. Smoothie Bowl in Schälchen
füllen und mit Kokosflocken und Kakaonibs
garnieren.

Suppen-Rezepte:

Fruchtige Spargelcremesuppe

Pro Person: P: 2 / Kalorien: 117 / Fett: 7,7 /
Protein: 3,5 / Kohlenhydrate: 7,2

Zutaten für 4 Personen:
1/2 Bund Kerbel
600 g Spargel
600 g Gemüsebrühe
100 g Schmand, 24 % Fett
30 g Milch, 0,3 % Fett
Salz, Cayennepfeffer
1/2 Orange unbehandelt, Abrieb und Saft

Zubereitung:
Den Kerbel waschen, trocken schütteln, die
Blättchen abzupfen und im Mixtopf 3 Sek. / Stufe 6
zerkleinern und umfüllen.

Den Spargel waschen, die Enden abschneiden, die
Stangen schälen und mit der Gemüsebrühe im
Mixtopf ca. 25 Min. / 100 ° / Stufe 2 mit
eingesetztem Messbecher garen. Schmand, Milch,
Salz und Cayennepfeffer zugeben und 30 Sek. /

Stufe 8 pürieren. Orangensaft ca. 10 Sek. / Stufe 5 unterrühren.

Spargelcremesuppe mit Orangenzesten und Kerbel bestreuen und servieren.

Kohlrabisüppchen mit Pistazienkernen

Pro Person: P: 1,5 / Kalorien: 135 / Fett: 6 / Protein: 7,5 / Kohlenhydrate: 11

Zutaten für 4 Personen:
1/2 Beet Gartenkresse
700 g Kohlrabi
1 Frühlingszwiebel
800 g Gemüsebrühe
100 g Frischkäse, bis 1 % Fett absolut
20 g Magermilch, bis 0.3 % Fett
Salz, mildes Chilipulver
1 Muskatnuss, frisch gerieben
20 g Pistazienkerne

Zubereitung:
Die Kresse waschen, trocken schütteln und vom Beet schneiden.

Kohlrabi waschen, schälen und in Stücke schneiden. Frühlingszwiebel waschen, putzen, in grobe Stücke schneiden und zusammen im Mixtopf ca. 5 Sek. / Stufe 5 zerkleinern.

Gemüsebrühe dazugeben und ca. 20 Min. / 100 ° /
Stufe 2 garen. Frischkäse, Magermilch, Gewürze
zufügen und ca. 5 Sek. / Stufe 10 pürieren.

Die Suppe in vorgewärmten, tiefen Tellern
anrichten und mit der Kresse und den Pistazien
bestreut servieren.

Lauch-Apfel-Suppe mit Curry

Pro Person: P: 2,5 / Kalorien: 160 / Fett: 8 / Protein: 2,5 / Kohlenhydrate: 17

Zutaten für 4 Personen:

150 g Lauch
1 Schalotte
10 g Ingwer
10 g Rapsöl
175 g Kartoffeln
2 kleine Äpfel
700 g Gemüsebrühe
100 g Kokosmilch light
4 g Currypulver
Salz, Cayennepfeffer

Zubereitung:

Den Lauch waschen, putzen und in feine Ringe schneiden. (2 EL beiseitelegen).

Schalotte schälen, halbieren und mit dem geschälten Ingwer im Mixtopf ca. 5 Sek. / Stufe 6 zerkleinern.

Öl dazugeben und 2 Min. / Varoma / Stufe 1 andünsten.

Die Kartoffeln und Äpfel waschen, schälen, grob schneiden, zufügen und ca. 5 Min. / Varoma / Linkslauf / Stufe 1 garen.

Gemüsebrühe und Lauchringe dazugeben und ca. 25 Min. / 100 ° / Linkslauf / Stufe 1 kochen.

Kokosmilch und Gewürze zufügen und ca. 5 Sek. / Stufe 10 pürieren.

Die Suppe mit den restlichen Lauchringen bestreuen und servieren.

Salat-Rezepte:

Eisbergsalat mit Melone

Pro Person: P: 3,5 / Kalorien: 166 / Fett: 10 /
Protein: 2 / Kohlenhydrate: 16

Zutaten für 4 Personen:
1 Eisbergsalat
4 Stängel Basilikum
1/2 Honigmelone
8 Kirschtomaten
3 Frühlingszwiebeln
20 g Limettensaft
6 g Honig
Salz, Pfeffer aus der Mühle
40 g Öl
30 g Wasser

Zubereitung:
Eisbergsalat putzen, waschen und trocken
schleudern. In mundgerechte Stücke zupfen.

Basilikum waschen, trocken schütteln und die
Blätter abzupfen. Die Melone halbieren, entkernen
und mit einem Ausstecher kleine Kugeln

ausstechen oder würfeln. Die Kirschtomaten waschen und vierteln.

Frühlingszwiebeln waschen, putzen, in grobe Stücke schneiden und im Mixtopf ca. 5 Sek. / Stufe 5 zerkleinern.

Salat, Melone, Kirschtomaten, Limettensaft, Honig, Salz, Pfeffer, Öl und Wasser dazugeben und ca. 10 Sek. / Linkslauf / Stufe 3 verrühren.

Den Salat auf Tellern anrichten und mit Basilikum bestreut servieren.

Weißkohl-Fenchel-Orangensalat

Pro Person: P: 0 / Kalorien: 114 / Fett: 0,7 / Protein: 4 / Kohlenhydrate: 19

Zutaten für 4 Personen:
1 Kästchen Kresse
2 Bio-Orangen
450 g Weißkohl
300 g Fenchel
1 rote Zwiebel
12 g Senf, ohne Zuckerzusatz
10 g Honig
80 g Wasser
30 g Balsamicoessig
Salz, Pfeffer aus der Mühle

Zubereitung:
Die Kresse waschen, trocken schütteln und vom Beet schneiden.

Die Orangen schälen, filetieren, in Stücke schneiden und den Saft auffangen.

Weißkohl und Fenchel putzen, waschen und in Stücken mit der geschälten Zwiebel und den restlichen Zutaten im Mixtopf ca. 12 Sek. / Stufe 4 zerkleinern.

Die Orangen und den Saft mit Linkslauf unterrühren.

Den Salat auf Tellern anrichten und mit Kresse bestreut servieren.

Schneller Karottensalat mit Joghurt-Kräuter-Dressing

Pro Person: P: 0,5 / Kalorien: 99 / Fett: 0 / Protein: 4,7 / Kohlenhydrate: 16,2

Zutaten für 4 Personen:
1 Bund gemischte Kräuter (z. B. Petersilie, Schnittlauch, Dill)
500 g Karotten
200 g Lauch
2 kleine Äpfel
150 g Naturjoghurt 0,1 % Fett
20 g Zitronensaft
10 g Honig
Salz, Pfeffer aus der Mühle

Zubereitung:
Die Kräuter waschen und trocken schleudern. (Etwas für die Garnitur beiseitelegen).

Karotten, Lauch und Äpfel waschen, putzen und in Stücken im Mixtopf mit den Kräutern und den restlichen Zutaten ca. 5 Sek. / Stufe 5 zerkleinern.

Den Salat auf Tellern anrichten und mit den restlichen Kräutern garniert servieren.

Mittagessen Rezepte:

Blumenkohl-Pizza mit Schinken

Pro Person: P: 2,5 / Kalorien: 172 / Fett: 5 / Protein: 18,3 / Kohlenhydrate: 9,6

Zutaten für 4 Personen:
1 großer Blumenkohl
1 Knoblauchzehe
2 Eier
1 g Kräutersalz
1 g getrockneter Oregano
100 g Schinken, gekocht (ohne Fettrand)
400 g passierte Tomaten
40 g Käse, gerieben, 30 % Fett i. Tr.

Zubereitung:
Den Backofen auf 175 °C Umluft vorheizen.

Blumenkohl putzen, die Röschen vom Strunk schneiden, waschen und 2-3 Minuten blanchieren.

18

Abkühlen und trocknen lassen bzw. mit einem Tuch die Feuchtigkeit herauspressen.

Den Blumenkohl zusammen mit der geschälten Knoblauchzehe im Mixtopf ca. 6 Sek. / Stufe 6 zerkleinern.

Eier und Gewürze ca. 10 Sek. / Stufe 4 untermischen.

Die Masse gleichmäßig auf ein mit Backpapier ausgelegtes Backblech verteilen und im vorgeheizten Backofen ca. 20 Minuten backen. Herausnehmen und abkühlen lassen.

Den Schinken in Streifen schneiden.

Die Tomaten auf dem Pizzaboden verteilen, mit Schinken und Käse bestreuen und im vorgeheizten Backofen ca. 10 Minuten backen.

Cannelloni mit Ricotta-Brokkoli-Basilikum-Füllung

Pro Person: P: 6,5 / Kalorien: 299 / Fett: 14,4 / Protein: 19,7 / Kohlenhydrate: 17,2

Zutaten für 4 Personen:
600 g Brokkoli
Salz
700 g Wasser
1 Bund Basilikum
200 g Ricotta
1 g Chiliflocken
Pfeffer aus der Mühle
16 Cannelloni
2 Schalotten
1 Knoblauchzehe
1000 g Pizzatomaten, zuckerfrei
1 Prise gerebelter Oregano
20 g Parmesan, gerieben

Zubereitung:
Den Backofen auf 190 °C (Umluft: 170 °C, Gas: Stufe 2-3) vorheizen.

Brokkoli putzen, waschen, in Röschen teilen, in das Garkörbchen geben und etwas salzen.

Wasser in den Mixtopf füllen, Garkörbchen einsetzen und ca. 12 - 14 Min. / Varoma / Stufe 1 garen.

Basilikum waschen, trocken schütteln und die Blätter abzupfen.

Brokkoli, Ricotta, Basilikum, Chiliflocken, Salz und Pfeffer in den geleerten Mixtopf geben und ca. 10 Sek. / Stufe 5 -6 pürieren.

Die Ricotta-Masse mit einem Spritzbeutel in die Cannelloni füllen und in eine Auflaufform legen.

Schalotten schälen, halbieren und zusammen mit der geschälten Knoblauchzehe in den gereinigten Mixtopf geben und 3 Sek. / Stufe 8 zerkleinern. Pizzatomaten, Salz, Pfeffer und Oregano dazugeben, ca. 7 Min. / 100 ° / Stufe 2 kochen und ca. 10 Sek. / Stufe 8 pürieren.

Die Soße über die Cannelloni verteilen, mit Parmesan bestreuen und im vorgeheizten Backofen ca. 35 - 40 Minuten backen.

Kürbis-Birnen-Curry mit Minz-Schmand

Pro Person: P: 3,5 / Kalorien: 218 / Fett: 11,2 / Protein: 3,7 / Kohlenhydrate: 21,2

Zutaten für 4 Personen:
600 g Hokkaido Kürbis
200 g Porree
300 g Birnen
1 Knoblauchzehe
20 g Ingwer
20 g Olivenöl
650 g Gemüsebrühe
10 g mildes Currypulver
Salz, Pfeffer aus der Mühle
4 Stiele Minze
80 g Schmand

Zubereitung:
Den Kürbis schälen, entkernen und das Fruchtfleisch in ca. 1,5 - 2 cm große Würfel schneiden. Porree putzen, waschen und in Scheiben schneiden. Birnen waschen, schälen, entkernen und in Würfel schneiden.

Knoblauchzehe und Ingwer schälen und zusammen im Mixtopf ca. 5 Sek. / Stufe 6 zerkleinern.
Olivenöl zufügen und ca. 4 Min. / 100 ° / Stufe 1 andünsten.

Kürbis, Porree und Birnen dazugeben und ca. 2 Min. / 100 ° / Sanftrührstufe dünsten.

Gemüsebrühe, Curry, Salz und Pfeffer zufügen und ca. 20 Min. / 100° / Linkslauf / Stufe 1 garen.

Die Minze waschen, trocken schütteln, die Blättchen abzupfen, fein hacken und mit dem Schmand verrühren.

Kürbis-Birnen-Curry in Teller füllen und mit je einem Klecks Minz-Schmand anrichten.

Feuriges Schweinegeschnetzeltes mit Topinambur

Pro Person: P: 4,5 / Kalorien: 304 / Fett: 11,7 / Protein: 31 / Kohlenhydrate: 16,4

Zutaten für 4 Personen:
2 Paprikaschoten, rot
700 g Topinambur
1 Chilischote, rot
2 Schalotten
1 Knoblauchzehe
20 g Öl
500 g Schweinegeschnetzeltes, mager
300 g Gemüsebrühe
Salz
200 g passierte Tomaten
Pfeffer aus der Mühle
10 g scharfes Paprikapulver
20 g saure Sahne

Zubereitung:
Paprikaschoten waschen, putzen und in Streifen schneiden. Topinambur waschen, schälen und vierteln. Die Chilischote waschen und entkernen.

Schalotten schälen, halbieren und zusammen mit der geschälten Knoblauchzehe und der Chilischote in den Mixtopf geben und 5 Sek. / Stufe 6 zerkleinern.

Das Öl dazugeben und 3 Min. / Varoma / Linkslauf / Stufe 1 garen.

Das Fleisch und die Paprikastreifen dazugeben und ca. 8 Min. / 100 ° / Linkslauf / Sanftrührstufe dünsten. Die Gemüsebrühe zufügen.

Die Topinambur etwas salzen, in den Varoma legen und ca. 35 Min. / Varoma / Linkslauf / Sanftrührstufe garen.

Tomaten und Gewürze dazugeben und ca. 3 Min. / Varoma / Linkslauf / Sanftrührstufe garen.

Schweinegeschnetzeltes mit Topinambur und je einem halben Esslöffel saure Sahne anrichten und servieren.

Fischfrikadellen mit Selleriepüree

Pro Person: P: 5,5 / Kalorien: 330 / Fett: 9,5 / Protein: 35 / Kohlenhydrate: 21

Zutaten für 4 Personen:
1 Frühlingszwiebel
1 Knoblauchzehe
600 g Seelachsfilet
100 g Toastbrot (in Wasser eingeweicht)
3 g Kümmel
1 Ei
1/2 Zitrone unbehandelt, Abrieb
20 g Dill, fein gehackt
Chilisalz, Pfeffer aus der Mühle
20 g Öl
800 g Knollensellerie
250 g Gemüsebrühe
50 g Naturjoghurt 0,1 % Fett
1 Muskatnuss, frisch gerieben
1 Bund Petersilie, gehackt

Zubereitung:
Frühlingszwiebel waschen, putzen, in grobe Stücke schneiden und zusammen mit der geschälten

Knoblauchzehe im Mixtopf ca. 5 Sek. / Stufe 5 zerkleinern.

Fisch, Toastbrot, Kümmel, Ei, Zitronenschale, Dill und Gewürze dazugeben und ca. 30 Sek. / Stufe 7 verrühren. Aus der Fischmasse mit nassen Händen Frikadellen formen. Öl in einer Pfanne erhitzen und die Frikadellen darin auf jeder Seite goldgelb braten.

Sellerie schälen, waschen, grob schneiden und im gereinigten Mixtopf ca. 3 Sek. / Stufe 5 zerkleinern. Gemüsebrühe dazugeben und ca. 25 Min. / 100 ° / Stufe 1 köcheln. Naturjoghurt und Muskat zufügen und ca. 5 Sek. / Stufe 7 pürieren.

Fischfrikadellen mit Selleriepüree anrichten und mit Petersilie bestreut servieren.

Hähnchen-Gulasch mit Ananas auf Radicchio

Pro Person: P: 4 / Kalorien: 301 / Fett: 11,7 / Protein: 32 / Kohlenhydrate: 13,7

Zutaten für 4 Personen:
2 Selleriestangen
2 Schalotten
20 g Öl
600 g Hähnchenbrust
20 g Tomatenmark
500 g Gemüsebrühe
300 g Ananas, gewürfelt (frisch oder aus der Konserve, ohne Zuckerzusatz)
Salz, Pfeffer aus der Mühle
3 g Kreuzkümmel, gemahlen
10 g Curry
300 g Radicchio

Zubereitung:
Sellerie waschen, putzen und zusammen mit den geschälten und halbierten Schalotten im Mixtopf ca. 4 Sek. / Stufe 5 zerkleinern.

Öl dazugeben und 2 Min. / Varoma / Stufe 1 andünsten. Das Fleisch waschen, trocken tupfen, in

grobe Würfel schneiden, dazugeben und ca. 8
Min. / Varoma / Linkslauf / Sanftrührstufe
anbraten.

Tomatenmark, Gemüsebrühe, Ananas und Gewürze
dazugeben und ca. 20 - 30 Min. / 100 ° /
Linkslauf / Sanftrührstufe garen.

Radicchio in einzelne Blätter teilen, waschen und
trocken schütteln. Salatblätter auf Tellern anrichten
und das Hähnchen-Gulasch mit Ananas auf dem
Radicchio verteilen.

Spinatknödel mit Paprikasoße

Pro Person: P: 6 / Kalorien: 309 / Fett: 16 /
Protein: 20,7 / Kohlenhydrate: 14,6

Zutaten für 4 Personen:

2 Knoblauchzehen
400 g Spinat (tiefgefroren oder frisch)
200 g Eiweißbrötchen
2 Eier
150 g Milch, fettarm, 1,5 % Fett
1 Muskatnuss, frisch gerieben
Salz, Pfeffer aus der Mühle

Für die Paprikasoße:
1 Schalotte
1 Knoblauchzehe
20 g Öl
2 Paprikaschoten, rot
10 g Tomatenmark
750 g Gemüsebrühe
3 g Edelsüß-Paprika
20 g Petersilie, gehackt

Zubereitung:

Knoblauch schälen und zusammen mit dem

aufgetauten Spinat und den Brötchen im Mixtopf ca. 8 Sek. / Stufe 5 zerkleinern.

Eier, Milch und Gewürze dazugeben und ca. 1 Min. / Teigstufe kneten und umfüllen.

Schalotte schälen, halbieren und zusammen mit der geschälten Knoblauchzehe in den gereinigten Mixtopf geben und 3 Sek. / Stufe 8 zerkleinern. Öl dazugeben und 2 Min. / Varoma / Stufe 1 andünsten.

Paprikaschoten waschen, putzen, würfeln, zusammen mit dem Tomatenmark dazugeben und ein paar Minuten mit Linkslauf mitdünsten. Gemüsebrühe und Edelsüß-Paprika zufügen.

Mit feuchten Händen Knödel aus dem Teig formen und in den Varoma und Varomaeinlegeboden verteilen, aufsetzen und ca. 30 Min. / Varoma / Linkslauf / Stufe 2 garen.

Spinatknödel auf Paprikasoße anrichten und mit Petersilie bestreut servieren.

Abendessen Rezepte:

Orecchiette mit Räucherlachs und Kapern

Pro Person: P: 6 / Kalorien: 316 / Fett: 10,4 / Protein: 17,1 / Kohlenhydrate: 35,9 *

Zutaten für 4 Personen:
1200 g Wasser
Salz
400 g kleine Nudeln (z. B. Orecchiette)
200 g Räucherlachs
1/2 Bund Dill
2 Schalotten
1 Knoblauchzehe
20 g Öl
1 gelbe Paprikaschote
450 g Pizzatomaten, zuckerfrei
50 g Kapern
Pfeffer aus der Mühle

Zubereitung:
Wasser im Mixtopf ca. 10 Min. / 100 ° / Stufe 1 zum Kochen bringen.

Salz und Nudeln dazugeben und nach Packungsangabe 100° / Linkslauf / Stufe 1 garen. Die Nudeln abgießen, umfüllen und den Mixtopf ausspülen.

Den Räucherlachs in feine Streifen schneiden. Den Dill waschen, trocken schütteln und fein hacken.

Schalotten schälen, halbieren und zusammen mit der geschälten Knoblauchzehe in den gereinigten Mixtopf geben und 3 Sek. / Stufe 8 zerkleinern. Öl dazugeben und 2 Min. / Varoma / Stufe 1 andünsten. Paprikaschote putzen, waschen und in Stücke schneiden.

Pizzatomaten, Kapern, Paprika und Pfeffer dazugeben und ca. 15 Min. / 100 ° / Stufe 2 kochen.

Die gekochten Nudeln und den Räucherlachs mit Linkslauf unterrühren, auf Tellern anrichten und mit Dill bestreut servieren.

* TIPP: Für ein Low-Carb-Gericht (Kohlenhydrate pro Portion nur noch: 7,2) tauschen Sie einfach Orecchiette gegen Konjaknudeln. (Zubereitung: Die Konjaknudeln gründlich abspülen und anschließend eine Minute lang in kochendes Wasser geben.)

Pilz-Limetten-Risotto

Pro Person: P: 7 / Kalorien: 218 / Fett: 6 / Protein: 11,2 / Kohlenhydrate: 26,2

Zutaten für 4 Personen:
40 g Parmesan
1 Schalotte
10 g Ingwer
10 g Öl
350 g Pilze (Champignons, Steinpilze oder Pfifferlinge)
550 g Gemüsebrühe
1/2 unbehandelte Limette, Abrieb und Saft
350 g Wildreis
Salz, Pfeffer aus der Mühle
1 Prise Rosmarin

Zubereitung:
Parmesan im Mixtopf ca. 10 Sek. / Stufe 10 zerkleinern und umfüllen.

Schalotte schälen, halbieren und mit dem geschälten Ingwer im Mixtopf ca. 5 Sek. / Stufe 6 zerkleinern.

Öl dazugeben und 2 Min. / Varoma / Stufe 1 andünsten.

Die Pilze putzen, würfeln, dazugeben und ca. 2 Min. / 100 ° / Linkslauf / Stufe 1 garen.

Gemüsebrühe dazugeben und ca. 5 Min. / Varoma / Linkslauf / Stufe 1 dünsten.

Limettenabrieb und Reis zufügen und ca. 10 Min. / 100 ° / Linkslauf / Stufe 1 dünsten.

Parmesan, Salz, Pfeffer, Rosmarin und Limettensaft dazugeben und ca. 2 Min. / 90 ° / Linkslauf / Stufe 1 unterrühren.

Puten-Couscous mit Gemüse

Pro Person: P: 5,5 / Kalorien: 245 / Fett: 4,2 /
Protein: 30,2 / Kohlenhydrate: 19,7

Zutaten für 4 Personen:

200 g Couscous
4 Putenbrustfilets (à 120 g)
5 Stiele Minze
2 Tomaten
3 Karotten
2 Stangen Staudensellerie
2 Schalotten
1 Knoblauchzehe
10 g Olivenöl
500 g Gemüsebrühe
1 g mildes Currypulver
Salz, Pfeffer aus der Mühle

Zubereitung:

Couscous in kochendes Salzwasser einrühren und
zugedeckt ca. 5 - 10 Minuten quellen lassen.

Putenbrustfilets unter kaltem Wasser abspülen,
trocken tupfen und in Streifen schneiden.

Die Minze waschen, trocken schütteln, die
Blättchen abzupfen und fein hacken. Die Tomaten

häuten, entkernen, das Fruchtfleisch in Würfel schneiden.

Karotten und Sellerie waschen, putzen und in Stücken zusammen mit den Schalotten und der Knoblauchzehe im Mixtopf ca. 4 Sek. / Stufe 5 zerkleinern.

Das Öl dazugeben und 3 Min. / Varoma / Linkslauf / Stufe 1 garen.

Tomaten, Gemüsebrühe und Gewürze dazugeben.

Fleisch in den Varoma und den Couscous in den Varoma-Einlegeboden geben und ca. 20 Min. / Varoma / Linkslauf / Stufe 1 garen.

Puten-Couscous mit dem Gemüse auf Tellern anrichten und mit Minze bestreut servieren.

Zoodles mit Joghurt-Bärlauch-Soße

Pro Person: P: 2 / Kalorien: 134 / Fett: 2,7 /
Protein: 12 / Kohlenhydrate: 13,2

Zutaten für 4 Personen:
2 Tomaten
1 Bund Bärlauch
2 Frühlingszwiebeln
10 g Öl
30 g Gemüsebrühe
Salz, Pfeffer aus der Mühle
1 g rotes Currypulver
360 g Naturjoghurt 0,1 % Fett
20 g Milch, entrahmt, 0,3 % Fett
4 Zucchini

Zubereitung:
Die Tomaten waschen, putzen, entkernen und fein
würfeln.

Bärlauch waschen, trocken tupfen, Stiele entfernen
und im Mixtopf ca. 3 Sek. / Stufe 6 zerkleinern und
umfüllen. (1 EL beiseitelegen).

Frühlingszwiebeln waschen, putzen, in grobe Stücke schneiden und im Mixtopf ca. 5 Sek. / Stufe 5 zerkleinern.

Öl dazugeben und 2 Min. / Varoma / Stufe 1 andünsten.

Tomatenwürfel, Gemüsebrühe und Gewürze dazugeben und ca. 10 Min. / 100°/ Linkslauf / Sanftrührstufe garen.

Bärlauch, Joghurt und Milch ca. 1 Min. / Sanftrührstufe unterrühren.

Zucchini waschen, die Enden abschneiden und mit einem Spiralschneider zu Spaghetti verarbeiten. (Alternativ mit einem Sparschäler oder Messer in feine Streifen schneiden)

In kochendem Salzwasser ca. 3 Minuten garen, mit der Joghurt-Bärlauch-Soße anrichten und dem restlichen Bärlauch bestreut servieren.

Cevapcici mit knusprigen Schwarzwurzel-Pommes

Pro Person: P: 5,5 / Kalorien: 302 / Fett: 14,7 / Protein: 28,8 / Kohlenhydrate: 7,8

Zutaten für 4 Personen:
1 kleine, rote Paprikaschote
1 Schalotte
1 Bund Petersilie
1 Zweig Rosmarin
2 Knoblauchzehen
500 g Tatar
Salz, Cayennepfeffer
5 g Paprikapulver
1000 g frische Schwarzwurzeln
40 g Olivenöl
Meersalz

Zubereitung:
Den Backofen auf 175 °C Umluft vorheizen.

Paprikaschote waschen, putzen und die Schalotte schälen und halbieren.

Petersilie waschen, trocken schleudern und die Blättchen abzupfen. Rosmarin waschen, trocken tupfen und die Nadeln abzupfen.

Paprikaschote, Schalotte, Petersilie und Rosmarin mit den geschälten Knoblauchzehen im Mixtopf ca. 5 Sek. / Stufe 6 zerkleinern.

Tatar und die Gewürze dazugeben und ca. 15 Sek. / Linkslauf / Stufe 4 verrühren.

Die Masse zu länglichen Cevapcici formen und im vorgeheizten Backofen ca. 25 - 30 Minuten garen.

Für die Pommes die Schwarzwurzeln (Handschuhe verwenden wegen der Färbung) schälen, waschen, trocken tupfen und in ca. 1,5 cm breite Stifte schneiden.

Schwarzwurzelstifte, Öl und Cayennepfeffer im gereinigten Mixtopf mit Linkslauf verrühren. Auf ein mit Backpapier belegtes Backblech geben und im vorgeheizten Backofen ca. 20 - 30 Minuten unter Wenden knusprig backen.

Schwarzwurzel-Pommes mit Meersalz bestreuen und mit den Cevapcici servieren.

Topinambur-Gnocchi mit Salbeisoße

Pro Person: P: 3 / Kalorien: 191 / Fett: 4,6 /
Protein: 23,6 / Kohlenhydrate: 12,5

Zutaten für 4 Personen:
600 g Topinambur
150 g Wasser
Salz
300 g Magerquark, 0,2 % Fett
40 g Johannisbrotkernmehl
1 Eigelb
frisch geriebene Muskatnuss
2 Frühlingszwiebeln
1 Knoblauchzehe
10 g Öl
1 Bund frischer Salbei
400 g Gemüsebrühe
Cayennepfeffer
300 g Frischkäse, bis 1 % Fett absolut

Zubereitung:
Topinambur waschen, schälen und in grobe Stücke
schneiden.

Topinambur, Wasser und Salz in den Mixtopf füllen und ca. 25 Min. / 100 ° / Stufe 1 kochen.

Magerquark, Mehl, Eigelb, Salz und Muskat dazugeben und ca. 50 Sek. / Stufe 3 zu einem Teig verrühren. Für eine zähe Konsistenz evtl. noch etwas Johannisbrotkernmehl dazugeben.

Den Teig auf einer bemehlten Arbeitsfläche zu einer ca. 2 cm dicken Rolle formen. Mit einem Messer ca. 1-2 cm breite Stücke abschneiden und mit einer Gabel das typische Gnocchi-Muster in die Teigoberfläche aufdrücken.

Gnocchi im Varoma und Einlegeboden verteilen, Salzwasser in den gereinigten Mixtopf füllen, Varoma aufsetzen und ca. 20 Min. / Varoma / Stufe 1 garen.

Für die Soße Frühlingszwiebeln waschen, putzen, in grobe Stücke schneiden und zusammen mit der geschälten Knoblauchzehe im Mixtopf ca. 5 Sek. / Stufe 5 zerkleinern.

Öl dazugeben und 2 Min. / Varoma / Stufe 1 andünsten.

Salbeiblätter in feine Streifen schneiden und zusammen mit der Gemüsebrühe, Salz,

Cayennepfeffer und Frischkäse dazugeben und ca.
3 Min. / 90 ° / Stufe 4 kochen.

Gnocchi auf Tellern anrichten und mit der
Salbeisoße servieren.

Chicorée Ragout mit Geflügelwürstchen

Pro Person: P: 4 / Kalorien: 261 / Fett: 16,5 /
Protein: 15,2 / Kohlenhydrate: 10,7

Zutaten für 4 Personen:
350 g Chicorée
2 Karotten
80 g Lauch
2 Knoblauchzehen
10 g Rapsöl
1 Zucchini
2 Tomaten
3 Geflügelwürstchen
200 g Gemüsebrühe
150 g Tomatensaft, ohne Zuckerzusatz
20 g Tomatenmark
Salz, weißer Pfeffer frisch gemahlen
12 g frischer Kerbel, gehackt

Zubereitung:
Den Strunk aus dem Chicorée herauslösen, die
Blätter waschen, abtropfen lassen und in Streifen
schneiden.

Karotten und Lauch waschen, putzen und in Stücken mit den geschälten Knoblauchzehen im Mixtopf ca. 3 Sek. / Stufe 5 zerkleinern.

Das Öl dazugeben und 3 Min. / Varoma / Linkslauf / Stufe 1 andünsten.

Zucchini und Tomaten putzen, waschen, abtropfen lassen und in Würfel schneiden. Geflügelwürstchen in Scheiben schneiden.

Chicorée, Zucchini, Tomaten, Geflügelwürstchen und die restlichen Zutaten (außer Kerbel) dazugeben und ca. 7 Min. / 100 ° / Linkslauf / Stufe 1 garen.

Chicorée Ragout mit Geflügelwürstchen auf Tellern anrichten und mit Kerbel bestreut servieren.

Dessert Rezepte:

Gefüllte Feigen mit Vanillecreme

Pro Person: P: 2,5 / Kalorien: 127 / Fett: 2,3 / Protein: 6,2 / Kohlenhydrate: 19

Zutaten für 4 Personen:
125 g Milch, fettarm, 1,5 % Fett
1/2 Packung, unzubereitet Puddingpulver, Vanille, ohne Zuckerzusatz
1 Bourbon Vanilleschote
125 g Magerquark, 0,2 % Fett
8 Feigen
10 g Mandelstifte

Zubereitung:
Milch, Puddingpulver und das Mark der Vanilleschote im Mixtopf ca. 5 Min. / 90 ° / Stufe 2 kochen.

Den Magerquark ca. 5 Sek. / Stufe 3 unterrühren.

Die Feigen waschen, trocken tupfen und kreuzweise oben einschneiden. Mit der Vanillecreme füllen und mit je 1/2 Teelöffel Mandelstifte bestreuen.

Süßes Beerensoufflé ohne Zuckerzusatz

Pro Person: P: 3 / Kalorien: 131 / Fett: 4,5 / Protein: 8 / Kohlenhydrate: 14,2

Zutaten für 4 Personen:
2 Eier
1 Spritzer Zitronensaft
1 g Johannisbrotkernmehl
150 g Magerquark, 0,2 % Fett
60 g Honig
40 g süße Beeren (Erdbeeren, Heidelbeeren, Himbeeren, Brombeeren)
12 g fein gehackte Pistazien

Zubereitung:
Den Backofen auf 165 °C Umluft vorheizen.

Das Eiweiß vom Eigelb trennen und den fettfreien Rühraufsatz einsetzen. Eiweiße und Zitronensaft in den gereinigten, fettfreien Mixtopf geben und ca. 2 Min. / Stufe 4 zu Eischnee schlagen. Umfüllen und Rühreinsatz entfernen.

Johannisbrotkernmehl, Eigelb, Quark und Honig im Mixtopf ca. 30 Sek. / Stufe 3-4 verrühren. Die

Beeren verlesen, waschen, abtropfen lassen, größere Beeren klein schneiden und kurz mit Linkslauf unterrühren.

Den Eischnee vorsichtig unterheben.

Die Masse bis 1 cm unter den Rand in Souffléförmchen füllen und ca. 20 - 25 Minuten im vorgeheizten Backofen backen. (Die Backofentür nicht öffnen)

Nach dem Ende der Backzeit herausnehmen, sofort mit Pistazien bestreuen und servieren.

Schokomousse ohne Zuckerzusatz

Pro Person: P: 2,5 / Kalorien: 229 / Fett: 10,3 / Protein: 5,3 / Kohlenhydrate: 24,7

Zutaten für 4 Personen:
1 Avocado
4 reife Bananen
40 g Kakaopulver stark entölt, ohne Zuckerzusatz
10 g Honig
50 g Milch, fettarm, 1,5 % Fett
Mark einer Vanilleschote
1 Prise Zimt
4 Zweige frische Minze

Zubereitung:
Die Avocado halbieren, den Kern entfernen und das Fruchtfleisch in Stücken zusammen mit den geschälten Bananen im Mixtopf ca. 1 Min. / Stufe 5 verrühren.

Die restlichen Zutaten (bis auf die Minze) dazugeben und solange verrühren, bis eine glatte, cremige Masse entstanden ist.

Die Schokomousse in einen Spritzbeutel mit großer Sterntülle füllen, in Schälchen verteilen und ca. 1-2 Std. kalt stellen.

Die Minze waschen, trocken schütteln, die Spitzen abzupfen und die Schokomousse mit den Minzespitzen garniert servieren.

Disclaimer

Die Inhalte dieses Buches wurden mit größter Sorgfalt erstellt. Eine Haftung für Personen-, Sach- und Vermögensschäden ist ausgeschlossen. Für die Richtigkeit, Vollständigkeit und Aktualität der Inhalte können wir jedoch keine Gewähr übernehmen. Dieses Buch enthält Links zu externen Webseiten Dritter, auf deren Inhalte wir keinen Einfluss haben. Deshalb können wir für diese fremden Inhalte auch keine Gewähr übernehmen. Für die Inhalte der verlinkten Seiten ist stets der jeweilige Anbieter oder Betreiber der Seiten verantwortlich. Die verlinkten Seiten wurden zum Zeitpunkt der Verlinkung auf mögliche Rechtsverstöße überprüft. Rechtswidrige Inhalte waren zum Zeitpunkt der Verlinkung nicht erkennbar. Eine permanente inhaltliche Kontrolle der verlinkten Seiten ist jedoch ohne konkrete Anhaltspunkte einer Rechtsverletzung nicht zumutbar. Bei Bekanntwerden von Rechtsverletzungen werden wir derartige Links umgehend entfernen.

Urheberrecht/Leistungsschutzrecht

Die veröffentlichten Inhalte, Werke und bereitgestellten Informationen unterliegen dem deutschen Urheberrecht und Leistungsschutzrecht. Jede Art der Vervielfältigung, Bearbeitung, Verbreitung, Einspeicherung und jede Art der Verwertung außerhalb der Grenzen des Urheberrechts bedarf der vorherigen schriftlichen Zustimmung des jeweiligen Rechteinhabers. Das unerlaubte Kopieren/Speichern der bereitgestellten Informationen auf diesen Seiten ist nicht gestattet und strafbar.